**FICHE DE LECTURE**

DOCUMENT RÉDIGÉ PAR NATACHA CERF
MAITRE EN PHILOSOPHIE
(UNIVERSITÉ LIBRE DE BRUXELLES)



# Thérèse Raquin

## ÉMILE ZOLA

lePetitLittéraire.fr

## Émile Zola
## Écrivain et journaliste français

- **Né en 1840 à Paris**
- **Décédé en 1902 dans la même ville**
- **Quelques-unes de ses œuvres :**
  - *Nana* (1880), roman
  - *Au bonheur des dames* (1883), roman
  - *Germinal* (1885), roman

Né en 1840 et décédé en 1902, Émile Zola est considéré comme l'un des romanciers majeurs du XIX$^{e}$ siècle en France. Il est principalement reconnu en tant que chef de file du mouvement naturaliste, qui entend appliquer à la littérature les méthodes scientifiques expérimentales de l'époque : après observation du réel, Zola émet une hypothèse et la vérifie par expérimentation dans ses oeuvres. Le cycle romanesque des *Rougon-Macquart*, la principale oeuvre de l'auteur, se pose comme l'illustration de cette esthétique. Cette fresque de vingt livres connaitra un grand succès malgré de nombreuses critiques.

Zola est également célèbre pour ses prises de position, souvent sources de condamnation. La plus notoire concerne l'affaire Dreyfus où son pamphlet *J'accuse… !* (1898) contribua grandement à l'issue heureuse du procès du capitaine Dreyfus.

# Thérèse Raquin
# Une histoire de passion et de mort

- **Genre :** roman
- **Édition de référence :** *Thérèse Raquin*, Paris, Pocket, coll. « Classiques », 1991, 333 p.
- **1re édition :** 1867
- **Thématiques :** naturalisme, corps, folie, animalité, crime, enquête, vices

Publié en 1867, *Thérèse Raquin* est le premier grand roman à succès de Zola. Il y expérimente sa théorie naturaliste et raconte comment Thérèse et son amant Laurent sont conduits au crime par le déterminisme de leur corps. Le roman montre l'effroi, la souffrance et la haine qui suivent le meurtre et mènent inexorablement au suicide des deux amants criminels.

C'est un roman nouveau qui rompt avec la tradition littéraire de la morale, de la psychologie et des héros. Cela explique qu'il fut accusé de pornographie et considéré comme malsain et pestilentiel. Il n'en demeure pas moins l'une des œuvres les plus marquantes de Zola.

# RÉSUMÉ

## CHAPITRES 1-5

Thérèse Raquin, personnage principal du roman d'Émile Zola, vivote derrière le comptoir d'une boutique de mercerie sinistre et étroite. Le soir, elle s'allonge auprès de son mari « dans une indifférence dédaigneuse » (chapitre 1, p. 21).

À la mort de sa mère, d'origine africaine, Thérèse fut adoptée par M^me^ Raquin. La jeune fille, malgré sa santé de fer, partagea toute sa jeunesse la chambre et les médicaments de son cousin Camille. Elle prit ainsi l'habitude de réprimer son tempérament de feu.

Lorsqu'ils en eurent l'âge, M^me^ Raquin maria les deux cousins. À la suite du mariage, Camille voulut quitter Vernon pour aller vivre à Paris. Sa mère acheta alors la boutique petite et noire du passage du Pont-Neuf. Thérèse, glacée par la boutique obscure et délabrée, s'affaissait chaque jour derrière le comptoir, passant des heures entières immobile.

Pendant trois ans, les jours de la famille Raquin se suivirent et se ressemblèrent. Thérèse, écrasée par l'ennui, « voyait la vie s'étendre devant elle, toute nue, amenant chaque soir la même couche froide et chaque matin la même journée vide » (chapitre 3, p. 34).

Tous les jeudis soirs, la famille Raquin reçoit chez elle l'ancien commissaire de police Michaud, son fils Olivier et sa femme Suzanne, ainsi que Grivet, vieil employé du chemin de fer d'Orléans.

Un soir, Camille introduit à la boutique Laurent, un ami d'enfance devenu un homme à l'allure lourde et tranquille (« Au fond, c'était un paresseux, ayant des appétits sanguins, des désirs très arrêtés de jouissances faciles et durables », chapitre 5, p. 42). Ancien peintre médiocre à l'œil grossier de paysan, il propose à Camille de faire son portrait.

## CHAPITRES 6-10

Laurent passe presque toutes ses soirées chez les Raquin. Il commence le portrait de Camille dans la chambre transformée en atelier. Thérèse, fébrile, suit son travail, mais sans intérêt (« Elle venait à cette place, comme attirée par une force, et elle y restait, comme clouée », chapitre 6, p. 46). À la première occasion, ils deviennent amants (« Ils n'échangèrent pas une seule parole. L'acte fut silencieux et brutal », chapitre 6, p. 49).

L'existence béate des deux amants se poursuit pendant huit mois. Mais, ayant abusé des congés, Laurent se voit interdire toute permission de sortie sous peine de renvoi. Les difficultés qu'ont pour se voir les deux amants font alors germer dans leur esprit l'idée du meurtre de Camille.

## CHAPITRES 11-15

Un dimanche, Camille, Thérèse et Laurent partent à Saint-Ouen. Laurent propose une promenade sur l'eau en canot. Une fois loin des rives, il lance Camille hors de la barque, qu'il renverse ensuite dans le but de feindre un accident. L'enquête policière conclut dans ce sens. Thérèse et Laurent ne sont donc pas inquiétés par la justice.

Travaillé par l'inquiétude, Laurent décide de reconnaitre lui-même le corps de Camille à la morgue afin que son décès soit officialisé. Ayant séjourné quinze jours dans l'eau, « Camille était ignoble » (chapitre 13, p. 104).

## CHAPITRES 16-20

Hanté par le spectre de Camille, Laurent passe une nuit d'épouvante. Thérèse vit de son côté les mêmes tourments : tous deux sont, chaque soir, terrassés par l'angoisse et passent des nuits blanches. Ils décident d'amener M$^{me}$ Raquin à vouloir leur mariage, pensant que une fois unis, le noyé ne viendra plus les visiter.

La comédie que jouent les amants finit par porter ses fruits. Michaud introduit l'idée du mariage de Laurent et de Thérèse dans la tête de M$^{me}$ Raquin et l'affaire est conclue.

## CHAPITRES 21-25

La nuit de noces se révèle pénible. Seule l'horreur du meurtre de Camille les lie désormais. Les nuits suivantes s'avèrent encore plus terrifiantes. Depuis leur mariage,

Thérèse et Laurent souffrent davantage : leurs tentatives de s'étreindre et de retourner à leurs désirs passés dans le but de chasser le noyé de leur couche échouent (« Ils n'avaient pu le chasser du lit ; ils étaient vaincus », chapitre 23, p. 173).

Laurent loue un atelier afin de se remettre à la peinture. Il rencontre un ancien ami de collège qui loue son sens artistique. Néanmoins, il lui fait remarquer qu'un air de ressemblance unit toutes les toiles. En effet, les têtes ressemblent toutes à celle de Camille (« Chacune avait un léger pli à gauche de la bouche, qui tirait les lèvres et les faisait grimacer », chapitre 25, p. 191). Ne pouvant lutter contre sa main qui ne fait que reproduire le noyé, Laurent décide de ne plus peindre.

## CHAPITRES 26-30

M$^{me}$ Raquin devient paralytique et muette. Les disputes continuelles des amants lui révèlent peu à peu l'effroyable vérité que cachait le masque d'un bonheur calme. (« Maintenant, il ne lui restait qu'à mourir en niant l'amour, en niant l'amitié, en niant le dévouement. Rien n'existait que le meurtre et la luxure », chapitre 26, p. 202).

Elle rassemble ses dernières forces pour dénoncer Laurent et Thérèse, le jeudi soir, en présence de ses amis, en tentant de tracer des lettres sur la table, mais ses forces l'abandonnent.

## CHAPITRES 31-32

Après avoir essayé tous les moyens d'échapper à cette vie d'angoisse et d'horreur, Thérèse et Laurent se retrouvent à nouveau face à face, haineux et méfiants. Ils se menacent sans cesse de dénonciation, ce qui achève de les rendre soupçonneux l'un envers l'autre. Ils ne se quittent plus d'une semelle de peur que l'un des deux ne parle. Cette proximité de chaque seconde étant insoutenable, l'idée du meurtre du conjoint pour trouver le repos germe en même temps dans la tête de Laurent et de Thérèse. Laurent vole un flacon d'acide prussique chez un ami préparateur chimiste. Thérèse aiguise un couteau de cuisine.

Thérèse s'apprête à saisir le couteau tandis que Laurent verse le flacon dans un verre d'eau sucrée. Pressentant le danger, chacun se retourne vers l'autre et comprend. Ils éclatent en sanglots. Brisés, ils décident de se suicider en buvant le poison.

# ÉTUDE DES PERSONNAGES

## THÉRÈSE RAQUIN

Fille d'un capitaine français, Degans, et d'une mère d'origine africaine dont elle a hérité le tempérament nerveux, voire hystérique, Thérèse est le personnage le plus déterminant du roman.

Adoptée par M$^{me}$ Raquin à la mort de sa mère, elle bénéficie, malgré sa santé de fer, des mêmes soins curatifs que son cousin chétif. Assoupie par sa vie forcée de convalescente, elle contient en elle toute sa fougue et son énergie et ne peut l'exprimer qu'à de rares occasions (« Quand elle était seule, dans l'herbe, au bord de l'eau, elle se couchait à plat ventre comme une bête, les yeux noirs et agrandis, le corps tordu, près de bondir », chapitre 2, p. 26).

Cette éducation lui apprend l'art de l'hypocrisie : elle sait faire preuve d'un suprême sang-froid, sa tranquillité est apparente et cache sa véritable nature capable de terribles colères. C'est une femme complexe, capable de duplicité.

Son visage calme et contenu exprime une douce indifférence. Les débuts de sa vie sont marqués par la complaisance, l'abnégation et l'obéissance. Mais l'échec de son mariage la pousse dans les bras de Laurent. Il la sort de son ennui profond et déclenche le réveil violent de ses sens engourdis.

Thérèse joue un rôle essentiel dans l'intrigue : elle refuse de rompre et est à l'origine de l'idée du crime. Le meurtre qui la hante la jette ensuite dans une série de comportements pathétiques et révèle sa monstruosité.

## LAURENT

Employé à la gare du chemin de fer d'Orléans, Laurent est introduit chez les Raquin par Camille, un ami d'enfance. Il devient l'amant de Thérèse.

Fils de paysan, homme grand aux épaules carrées, son visage est frais et il a le visage du bon vivant. Sa beauté sanguine fascine Thérèse, qui admire son cou épais et ses mains larges et puissantes. Entièrement dominé par ses instincts et son tempérament sanguin, il est dépourvu d'intelligence. C'est un homme brutal, proche de l'animal.

Il attend que son père meure pour pouvoir hériter de sa fortune. Il est paresseux et aspire à une vie égoïste empreinte de plaisirs faciles et de tranquillité. Laurent est calculateur et ses actions sont dictées par ses intérêts (« Pour lui, Thérèse, il est vrai, était laide, et il ne l'aimait pas, mais en somme, elle ne lui coûterait rien [...]. L'économie lui conseillait déjà de prendre la femme de son ami. D'autre part, depuis longtemps il n'avait pas contenté ses appétits ; l'argent étant rare, il sevrait sa chair, et il ne voulait point laisser échapper l'occasion de la repaître un peu », chapitre 6, p. 47).

Le crime qu'il a commis ne lui laisse aucun remords. Il est monstrueux du début à la fin du récit. Le détraquement de ses nerfs et son incapacité à oublier le meurtre de Camille le plongent dans la folie. Écœuré par lui-même, il finit par se suicider.

## CAMILLE RAQUIN

Fils unique de M$^{me}$ Raquin, Camille est un jeune homme de 30 ans qui suscite le dégout chez les autres. Son corps garde des séquelles de sa jeunesse souffreteuse (« Il était petit, chétif, d'allure languissante ; les cheveux d'un blond fade, la barbe rare, le visage couvert de taches de rousseur, il ressemblait à un enfant malade et gâté », chapitre 1, p. 21). Proche de la débilité, il n'obtient guère mieux qu'un poste d'employé très modeste de la société des chemins de fer d'Orléans. Il accumule les défauts : égoïste, stupide et lâche, c'est un être médiocre et dégoutant. Thérèse en est écœurée.

Cependant, l'insignifiance de sa vie fait place à une puissance redoutable après sa mort. Camille, sous forme d'hallucinations, hante Thérèse et Laurent. La morsure qu'il a laissée dans le cou de Laurent ne cesse de bruler celui-ci. Il empêche les amants de réaliser les heureux projets qu'ils avaient. Ces tourments atroces les mèneront à la démence, puis au suicide.

## M^me^ RAQUIN

Veuve et ancienne mercière, M^me^ Raquin est une mère possessive. Totalement dévouée à son fils, elle est d'autant plus attachée à lui qu'il fut un enfant fragile nécessitant de nombreux soins. Trop protectrice, elle en a fait un homme égoïste, médiocre et dépendant.

La mort de son fils signe la perte de sa raison de vivre et l'affecte physiquement puisque la paralysie s'installe dans ses membres. Manipulée par les deux amants, elle ne devine rien de leur culpabilité. Elle va même jusqu'à léguer sa fortune à Thérèse et à accepter son mariage avec Laurent.

De la découverte de l'horrible vérité découle sa volonté de venger Camille et de faire justice. Si sa paralysie la rend incapable d'agir, sa vengeance est tout de même consommée par le suicide de Thérèse et de Laurent.

# CLÉS DE LECTURE

## LE NATURALISME

Les progrès de la science moderne du XIX^e siècle inspirent une nouvelle conception du roman qui devient alors une étude scientifique et expérimentale du réel. La littérature naturaliste a pour but de peindre la nature telle qu'elle est et les hommes tels qu'ils sont.

Les lois fondamentales appliquées par les romanciers naturalistes sont d'une part le déterminisme génétique, d'autre part, le déterminisme social. Le déterminisme social postule l'influence du milieu socioéconomique sur le caractère des individus. Le déterminisme génétique pose la transmission de prédispositions morales et psychologiques dans la reproduction des êtres vivants.

Ce roman d'un genre nouveau rompt avec la tradition littéraire :

- le sens de l'observation et de la déduction remplace l'imagination ;
- les « beaux sujets » sont délaissés au profit de la réalité, les héros sont remplacés par des hommes appartenant au commun des mortels. Le sens artistique n'est plus dans le contenu, mais dans la composition ;
- les valeurs morales et sociales ne déterminent plus l'intrigue.

*Thérèse Raquin* est la première illustration du naturalisme dans la littérature :

- l'étude scientifique des personnages : Les personnages du roman sont gouvernés par leur corps. Camille mène une existence médiocre parce qu'il est de constitution malingre, Laurent cherche des jouissances faciles et durables à cause de son tempérament sanguin et Thérèse doit sa nature nerveuse à ses origines africaines et au milieu dans lequel elle a grandi : « Depuis l'âge de dix ans, cette femme était troublée par des désordres nerveux, dus en partie à la façon dont elle grandissait dans l'air tiède et nauséabond de la chambre où râlait le petit Camille », (chapitre 22, p. 165). La psychologie est soumise à la physiologie ;
- L'étude expérimentale dans le roman : Quelles sont les conséquences de la confrontation entre une nature sanguine et une nature nerveuse ? Telle est l'expérience qu'a voulu mener Zola dans son laboratoire littéraire. Le mélange des deux tempéraments et la volonté de satisfaire leurs besoins physiques conduisent Thérèse et Laurent au crime.

## LA THÉMATIQUE DU CORPS

Zola envisage le corps comme un organisme doté d'un certain nombre d'« humeurs » (le sang, la bile, la lymphe, etc.) qui peuvent être équilibrées ou déséquilibrées. Cette théorie des humeurs est l'une des bases de la médecine antique. Zola s'en sert pour la construction de ses personnages.

En effet chacun est prédisposé physiologiquement à verser dans la folie. L'état maladif de Camille – sa lymphe – le rend perpétuellement inquiet et hébété. Thérèse, avec son tempérament nerveux, a des tendances à l'hystérie. Quant à Laurent, sa constitution sanguine le prédispose à une conduite animale (« Tout semblait inconscient dans cette florissante nature de brute ; il obéissait à des instincts, il se laissait conduire par les volontés de son organisme », chapitre 9, p. 68).

## UN ROMAN DE LA FOLIE

La confrontation entre les tempéraments de Thérèse et de Laurent entraine peu à peu les deux protagonistes vers la folie. Ce glissement vers la démence constitue la trame narrative du récit.

- La liaison passionnée et fiévreuse constitue le premier choc (« Il ne s'appartenait plus ; sa maîtresse [...] s'était glissée peu à peu dans chacune des fibres de son corps », chapitre 9, p. 68). Laurent est possédé. Thérèse, habituellement obéissante et tranquille, devient semblable à une courtisane au contact de Laurent.
- Le second choc a lieu après le crime. Laurent perd sa lourdeur et se transforme en un être anxieux (« Les nerfs [...], l'emportèrent sur l'élément sanguin, et ce fait seul modifia sa nature. Il perdit son calme, sa lourdeur [...], les nerfs dominèrent et il tomba dans les angoisses qui secouent les corps et les esprits détraqués », chapitre 22, p. 164). Thérèse, quant à elle, passe par plusieurs phases : joie, remords, crises de nerfs, rêveries vagues.

- La vie conjugale achève cette descente vers la folie. Chacun rappelle à l'autre l'horreur du crime par sa simple présence et chaque nuit est un véritable supplice (« Les meurtriers avaient voulu être deux, la nuit, pour se défendre contre le noyé, et, par un étrange effet, depuis qu'ils se trouvaient ensemble, ils frissonnaient davantage. Ils s'exaspéraient [...], ils subissaient des crises atroces de souffrance et de terreur, en échangeant une simple parole, un simple regard », chapitre 22, p. 163). Méfiants, vivant dans la peur que l'autre aille tout dévoiler, Thérèse et Laurent finissent par se haïr (« Ce fut une haine atroce, aux éclats terribles. Ils sentaient bien qu'ils se gênaient l'un l'autre ; ils se disaient qu'ils mèneraient une existence tranquille, s'ils n'étaient pas toujours là face à face », chapitre 28, p. 28).
- La situation étant intenable, il leur vient en même temps l'idée de supprimer l'autre, mais leur méfiance permanente empêche ce projet (« À ce moment, cette sensation étrange qui prévient de l'approche d'un danger fit tourner la tête aux époux, d'un mouvement instinctif. Ils se regardèrent. Thérèse vit le flacon dans les mains de Laurent, et Laurent aperçut l'éclair blanc du couteau qui luisait entre les plis de la jupe de Thérèse », chapitre 32, p. 252). Ils finissent par se suicider, seul moyen de se fuir.

La folie des amants se manifeste à travers des formes particulières : hallucinations, délires obsessionnels et angoisses. Ce thème de l'hystérie permet au roman d'acquérir des tonalités angoissantes et fantastiques.

## UN FAUX ROMAN POLICIER

Loin des regards, Laurent lance Camille à l'eau et retourne ensuite à la barque. La mise en scène est parfaite et Laurent feint la douleur (« Il se jeta à l'eau, il chercha Camille dans les endroits où il ne pouvait être, il revint en pleurant, en se tordant les bras, en s'arrachant les cheveux », chapitre 11, p. 89). Thérèse, aidée par la nature, fait une crise de nerfs. Nul ne pourrait penser à un crime.

L'enquête policière est bâclée. Les amis du jeudi soir, le vieux commissaire de police, Michaud, et son fils Olivier, « commis principal dans le bureau de police d'ordre et de sûreté », contribuent involontairement à confirmer la thèse de l'accident par leur appartenance à la police et par le fait qu'ils présentent Laurent comme un homme courageux qui s'est jeté à l'eau pour sauver son meilleur ami.

Les deux criminels restent donc impunis. Cependant, cette impunité ne les empêche pas de rester prudents et de continuer à feindre la tristesse.

Leurs nerfs ont été mis à rude épreuve par le crime et les précautions qu'ils doivent prendre ne font qu'aggraver leur tension nerveuse. Ils finissent par devenir les victimes de leurs nerfs : c'est le début de la folie, des hallucinations, des cauchemars et des terribles angoisses. Laurent et Thérèse ont voulu faire disparaitre Camille pour vivre leur passion physique sans entrave, mais le spectre de Camille les sépare encore plus fermement. Ils sont acculés au suicide.

Finalement, Thérèse et Laurent ne sont pas condamnés par la justice, comme c'est généralement le cas dans un roman policier, mais ils se condamnent eux-mêmes et, comme dans un roman policier, le crime ne paie pas.

## UNE ÉCRITURE SCIENTIFIQUE

Le style analytique se manifeste de plusieurs façons :

- les phrases sont brèves, il y a peu de dialogues. Chaque chapitre ne dépasse pas les dix pages. La prose est proche d'un compte rendu scientifique ;
- il y a un champ lexical scientifique où le vocabulaire utilisé est clinique et médical. Certains passages font penser à des diagnostics ;
- Zola veut décrire le réel comme il est sans rien enjoliver. À cette fin, il utilise le vocabulaire du concret et du quotidien sans craindre la banalité. (« La noce [...] se rendit à la gargote où une table de sept couverts était dressée dans un cabinet peint en jaune, qui puait la poussière et le vin », chapitre 20, p. 147) ;
- les indications de temps inscrivent les évènements dans une chronologie linéaire et offrent une parfaite cohérence logique au récit ;
- le narrateur s'efface pour donner l'illusion de l'objectivité. L'utilisation du « il » permet de décrire le réel comme il est et de donner une impression de

véracité. Le romancier naturaliste se permet toutefois quelques interventions : l'objectivité n'exclut pas la subjectivité.

L'écriture analytique n'en est pas moins expressive. Zola aime l'exagération et les phrases-chocs. Son sens de la formule est admirable.

# PISTES DE RÉFLEXION

## QUELQUES QUESTIONS POUR APPROFONDIR SA RÉFLEXION…

- Pourquoi peut-on dire que Thérèse est le personnage principal de l'intrigue ? Justifiez.
- En quoi Zola applique-t-il à ses personnages un déterminisme génétique et social ?
- Thérèse et Laurent sont-ils des héros ? Justifiez.
- Comparez ce roman avec ceux de Balzac (*La Comédie humaine*). Le projet des deux romanciers est-il similaire ? Justifiez.
- Ce roman prend à certains moments des allures fantastiques. Expliquez.
- Pensez-vous que la vision de l'homme que se fait Zola soit réaliste ?
- Quels sont les procédés utilisés par l'auteur pour rendre son roman le plus objectif possible ?
- En quoi ce roman préfigure-t-il la fresque des *Rougon-Macquart* ?
- Les adaptations cinématographiques de *Thérèse Raquin* parviennent-elles à rendre l'objectivité et l'aspect scientifique propre au roman de Zola ? Justifiez.
- La fin de ce roman vous semble-t-elle digne d'une tragédie ?

# POUR ALLER PLUS LOIN

## ÉDITION DE RÉFÉRENCE

- ZOLA. É., *Thérèse Raquin*, Paris, Pocket, coll. « Classiques », 1991, 283 p.

## ÉTUDE DE RÉFÉRENCE

- MALLET. J.-D. et HIMY L., *Thérèse Raquin*, Paris, Hatier, coll. « Profil d'une œuvre », 1999.

## ADAPTATIONS

- *Thérèse Raquin*, film d'Einoe Zangenberg, 1911.
- *Thérèse Raquin*, film de Nino Martoglio, avec Maria Carmi, Dillo Lombardi et Francesco Nicolosi-Puglisi, 1915.
- *Thérèse Raquin*, film de Jacques Feyder, avec Gina Manès, Hans Adalbert Schlettow et Jeanne Marie-Laurent, 1928.
- *Thérèse Raquin*, film de Marcel Carné, avec Simone Signoret, Raf Vallone et Jacques Duby, 1953.

## SUR LEPETITLITTÉRAIRE.FR

- Commentaire du chapitre XIV dans *Au Bonheur des Dames*
- Fiche de lecture sur *Au Bonheur des Dames* d'Émile Zola
- Fiche de lecture sur *Germinal* d'Émile Zola
- Fiche de lecture sur *Jacques Damour* d'Émile Zola
- Fiche de lecture sur *L'Argent* d'Émile Zola

- Fiche de lecture sur *La Bête humaine* d'Émile Zola
- Fiche de lecture sur *La Curée* d'Émile Zola
- Fiche de lecture sur *La Fortune des Rougon* d'Émile Zola
- Fiche de lecture sur *La Mort d'Olivier Bécaille et autres nouvelles* d'Émile Zola
- Fiche de lecture sur *L'Assommoir* d'Émile Zola
- Fiche de lecture sur *L'œuvre* d'Émile Zola
- Fiche de lecture sur *La Terre* d'Émile Zola
- Fiche de lecture sur *Le Ventre de Paris* d'Émile Zola
- Fiche de lecture sur *Madame Sourdis et autres nouvelles* d'Émile Zola
- Fiche de lecture sur *Nana* d'Émile Zola
- Fiche de lecture sur *Pot-Bouille* d'Émile Zola

**Gaudé**
- La Mort du roi Tsongor
- Le Soleil des Scorta

**Gautier**
- La Morte amoureuse
- Le Capitaine Fracasse

**Gavalda**
- 35 kilos d'espoir

**Gide**
- Les Faux-Monnayeurs

**Giono**
- Le Grand Troupeau
- Le Hussard sur le toit

**Giraudoux**
- La guerre de Troie n'aura pas lieu

**Golding**
- Sa Majesté des Mouches

**Grimbert**
- Un secret

**Hemingway**
- Le Vieil Homme et la Mer

**Hessel**
- Indignez-vous !

**Homère**
- L'Odyssée

**Hugo**
- Le Dernier Jour
- d'un condamné
- Les Misérables
- Notre-Dame de Paris

**Huxley**
- Le Meilleur des mondes

**Ionesco**
- Rhinocéros
- La Cantatrice chauve

**Jary**
- Ubu roi

**Jenni**
- L'Art français de la guerre

**Joffo**
- Un sac de billes

**Kafka**
- La Métamorphose

**Kerouac**
- Sur la route

**Kessel**
- Le Lion

**Larsson**
- Millenium I. Les hommes qui n'aimaient pas les femmes

**Le Clézio**
- Mondo

**Levi**
- Si c'est un homme

**Levy**
- Et si c'était vrai...

**Maalouf**
- Léon l'Africain

**Malraux**
- La Condition humaine

**Marivaux**
- La Double Inconstance
- Le Jeu de l'amour et du hasard

**Martinez**
- Du domaine des murmures

**Maupassant**
- Boule de suif
- Le Horla
- Une vie

**Mauriac**
- Le Nœud de vipères

**Mauriac**
- Le Sagouin

**Mérimée**
- Tamango
- Colomba

**Merle**
- La mort est mon métier

**Molière**
- Le Misanthrope
- L'Avare
- Le Bourgeois gentilhomme

**Montaigne**
- Essais

**Morpurgo**
- Le Roi Arthur

**Musset**
- Lorenzaccio

**Musso**
- Que serais-je sans toi ?

**Nothomb**
- Stupeur et Tremblements

**Orwell**
- La Ferme des animaux
- 1984

**Pagnol**
- La Gloire de mon père

**Pancol**
- Les Yeux jaunes des crocodiles

**Pascal**
- Pensées

**Pennac**
- Au bonheur des ogres

**Poe**
- La Chute de la maison Usher

**Proust**
- Du côté de chez Swann

**Queneau**
- Zazie dans le métro

**Quignard**
- Tous les matins du monde

**Rabelais**
- Gargantua

**Racine**
- Andromaque
- Britannicus
- Phèdre

**Rousseau**
- Confessions

**Rostand**
- Cyrano de Bergerac

**Rowling**
- Harry Potter à l'école des sorciers

**Saint-Exupéry**
- Le Petit Prince
- Vol de nuit

**Sartre**
- Huis clos
- La Nausée
- Les Mouches

**Schlink**
- Le Liseur

**Schmitt**
- La Part de l'autre
- Oscar et la Dame rose

**Sepulveda**
- Le Vieux qui lisait des romans d'amour

**Shakespeare**
- Roméo et Juliette

**Simenon**
- Le Chien jaune

**Steeman**
- L'Assassin habite au 21

**Steinbeck**
- Des souris et des hommes

**Stendhal**
- Le Rouge et le Noir

**Stevenson**
- L'Île au trésor

**Süskind**
- Le Parfum

**Tolstoï**
- Anna Karénine

**Tournier**
- Vendredi ou la Vie sauvage

**Toussaint**
- Fuir

**Uhlman**
- L'Ami retrouvé

**Verne**
- Le Tour du monde en 80 jours
- Vingt mille lieues sous les mers
- Voyage au centre de la terre

**Vian**
- L'Écume des jours

**Voltaire**
- Candide

**Wells**
- La Guerre des mondes

**Yourcenar**
- Mémoires d'Hadrien

**Zola**
- Au bonheur des dames
- L'Assommoir
- Germinal

**Zweig**
- Le Joueur d'échecs

**Et beaucoup d'autres sur lePetitLittéraire.fr**

www.lepetitlitteraire.fr

ISBN version imprimée : 978-2-8062-1409-6
ISBN version numérique : 978-2-8062-1899-5
Dépôt légal : D/2013/12.603/575

Conception numérique : Primento,
le partenaire numérique des éditeurs

6558969R00018

Printed in Germany
by Amazon Distribution
GmbH, Leipzig